50ESSENZIELLE AUFWÄRMÜBUNGEN FÜRSCHLAGZEUG

Großartige Schlagzeugübungen zum Verbessern von Kontrolle, Geschwindigkeit und Ausdauer

KEVO'SHEA

FUNDAMENTAL**CHANGES**

50 Essenzielle Aufwärmübungen für Schlagzeug

Großartige Schlagzeugübungen zum Verbessern von Kontrolle, Geschwindigkeit und Ausdauer

Veröffentlicht von **www.fundamental-changes.com**

Urheberrecht © 2020 Kev O'Shea

ISBN: 978-1-78933-182-0

www.fundamental-changes.com

Über 11.000 Fans auf Facebook: **FundamentalChangesInGuitar**

Instagram: **FundamentalChanges**

Für über 350 kostenlose Gitarrenstunden mit Videos schau auf

www.fundamental-changes.com

Coverbild Copyright: Shutterstock - Prathan Nakdontree

Inhalt

Einführung 5

Wie man die BPM-Vorschläge nutzt 6

Dehnung 7

Essenzielle Techniken für Aufwärmübungen 9

Hol dir das Audio 12

50 Essenzielle Aufwärmübungen für Schlagzeug 13

1: The Snap 14

2: The Pendulum 15

3: Four Stroke Ruff 16

4: Inverted Double Eights 17

5: Triple Strokes 18

6: Flam Accent Variation 19

7: The Snapadiddle 20

8: The Quintessential 21

9: Triples over 4 22

10: One-sided Hertas 23

11: Pull-Out Accents in 12/8 24

12: On-Off-Flam Accent 25

13: The Mixer 26

14: Herta Fly 27

15: Herbie 28

16: Snapadiddle Inversion #1 29

17: The Tightrope 30

18: The Cuckoo 31

19: Double Snaps 32

20: The Riffle 33

21: Hyper-Bolero 34

22: 12/8-Pull-Out Accents 35

23: Snapadiddle Inversion #2 36

24: The Flutter-By 37

25: The Hustle 38

26: Foreign Flam Accent 39

27: Snap Accent Run 40

28: Singles On The Rebound 41

29: Single Stroke Workout #1 42

30: Marching with the Ruffs 43

31: Herbie Returns 44

32: The Juggler 45

33: Quincey 46

34: 12/8 Offbeat Pull-Outs 47

35: Snapadiddle Inversion #3 48

36: Single Stroke Workout #2 49

37: Consecutive Flam 4's 50

38: Inverted Doubles Run 51

39: Herta Dublin 52

40: Pulling Teeth 53

41: Flamming Moe 54

42: 12/8 Switcheroo 55

43: Snappled 56

44: Parsnaps 57

45: The Blender 58

46: Trippin' Sevens 59

47: Inverted Seven 60

48: Inverted Swiss Variation 61

49: Flam Central 62

50: Single Stroke Workout #3 63

Fazit 64

Über den Autor 65

Weitere Bücher von Fundamental Changes 66

Einführung

50 Essenzielle Aufwärmübungen für Schlagzeug enthält eine Sammlung der besten Sticking-Übungen für den Einsatz als Aufwärmübungen und zum Aufbau von Technik vor dem Schlagzeugspiel. Sie sind so konzipiert, dass sie auf dem Übungspad erlernt werden können, bevor sie auf das Schlagzeug übertragen werden.

Die Idee ist, dass du das ganze Buch durchliest und jedes Beispiel ausprobierst, bevor du zum nächsten übergehst. Nach einiger Zeit kannst du damit gezielt eine Aufwärmübung vor einem Auftritt oder einer Session auswählen, je nachdem, was dir am meisten zusagt.

Ich empfehle, dass du mindestens 3-5 Minuten für jedes Pattern in langsamen und schnellen Tempi verbringst. Spiele immer entspannt und setze auf Klarheit und Präzision. Bleibe entspannt, denn Verspannungen sind schädlich für deine Gelenke und Sehnen.

Achte auf deine Stickgröße im Verhältnis zu deiner Armlänge. Der richtig dimensionierte Stick sollte sich wie eine angenehme Verlängerung des Unterarms anfühlen, besonders in Bezug auf das Gewicht. Ein zu großer oder zu kleiner Stick kann die Gelenke unnötig beanspruchen, wenn man die Trommeln hart schlägt.

Um wirklich von diesen Übungen zu profitieren, ist es wichtig, jede einzelne bis zu dem Niveau zu lernen, bei dem man nicht die Notation lesen, zählen oder über das Sticking nachdenken muss. Du kannst dann in einen fast tranceähnlichen Zustand übergehen. Lass das Blut fließen, atme tief durch, und deine Hände werden sich lockern.

Jede Aufwärmübung wird über zwei Takte notiert. Einige Aufwärmübungen sind zweitaktige Phrasen, andere sind eintaktige Phrasen mit notiertem „umgekehrtem" Sticking im zweiten Takt. Bei letzterem kann man nach dem Beherrschen des anfänglichen Stickings einfach innehalten und dann die Hände wechseln.

Eintaktige Phrasen sind leicht durch einen Doppelstrich zu erkennen. Zweitaktige Phrasen werden manchmal als „symmetrisch" bezeichnet, da das Sticking ganz natürlich die führende Hand vom ersten zum zweiten Takt und dann bei der Wiederholung wieder zurück wechselt.

Einige Übungen haben Akzente notiert, andere nicht. Oftmals können Akzente nach eigenem Ermessen gesetzt werden. Wenn du dich dafür entscheidest, Akzente hinzuzufügen oder zu entfernen, um die Beispiele leichter spielbar zu machen, ist das völlig akzeptabel, solange du sowohl die Originalnotation als auch deine Variation beherrschst. Dies wird dir langfristig den größten Nutzen bringen.

Hör dir die mitgelieferten Hörbeispiele an. Wenn du das begleitende Audio noch nicht heruntergeladen hast, kannst du das tun, indem du den Anweisungen im Abschnitt „Hol dir das Audio" unten folgst. Wenn du verstehst, wie eine geschriebene Übung klingt und sich anfühlt, wird dein Nutzen aus diesem Buch erheblich gesteigert.

Wie man die BPM-Empfehlungen verwendet

Im Laufe dieses Buches wirst du bemerken, dass jede Übung einen vorgeschlagenen Bereich von Beats Per Minute (BPM) hat, innerhalb dessen du spielen kannst. Dies ist ein Indikator dafür, welche Metronom-Einstellungen du verwenden solltest.

In 4/4-Übungen bezieht sich das BPM auf den Viertelnotenimpuls. Bei anderen Taktarten wie 12/8, 7/8 oder 5/8 kann das BPM Gruppen von zwei oder drei 1/8 Noten darstellen. Verwende das begleitende Audio als Leitfaden.

Es ist sinnvoll, bei der Einarbeitung in eine Aufwärmübung langsam vorzugehen und nach Genauigkeit zu streben. Bei niedrigeren Tempi ist es oft einfacher, die Handgelenke und den Arm zur Erzeugung der Schläge zu benutzen. Umgekehrt erlauben bei höheren Tempi die kleineren Muskelgruppen wie die Finger eine größere Geschwindigkeit und eine nuanciertere Kontrolle.

Notiere dir bei jedem Beispiel das Tempo, mit dem du dich wohl fühlst. Für eine zusätzliche Herausforderung notiere dir deine persönlichen Bestzeiten und arbeite darauf hin, diese bei jeder Wiederholung der Übung zu übertreffen.

Du wirst oft feststellen, dass es normalerweise recht einfach ist, das Tempo um fünf oder zehn BPM zu erhöhen, wenn du eine Aufwärmübung sauber und mit hohem Tempo für etwa eine Minute spielen kannst. Du hast vielleicht nicht die Ausdauer oder die Technik, um dieses neue Tempo lange zu halten, aber das wird sich mit der Zeit und der Übung entwickeln.

Dehnung

Die folgenden Dehnungen werden empfohlen, vor dem Spielen durchgeführt zu werden. Die erste Dehnung konzentriert sich auf die Finger und Handgelenke.

Dehnung Eins: Finger und Handgelenke

- Während du die Enden der beiden Sticks mit den Handflächen nach oben hältst, hebe deine Fäuste nach oben und setze diese Bewegung zurück in Richtung deiner Brust fort.

- Halte alle Finger locker und entspannt um die Sticks. Wenn du irgendwelche Schmerzen verspürst, hör sofort auf.

- Setze diese Drehbewegung fort, bis du am Ende freie Sicht auf deine Handrücken hast, die beide immer noch die Sticks halten. Siehe Abbildung 1 für eine visuelle Demonstration.

Abbildung 1

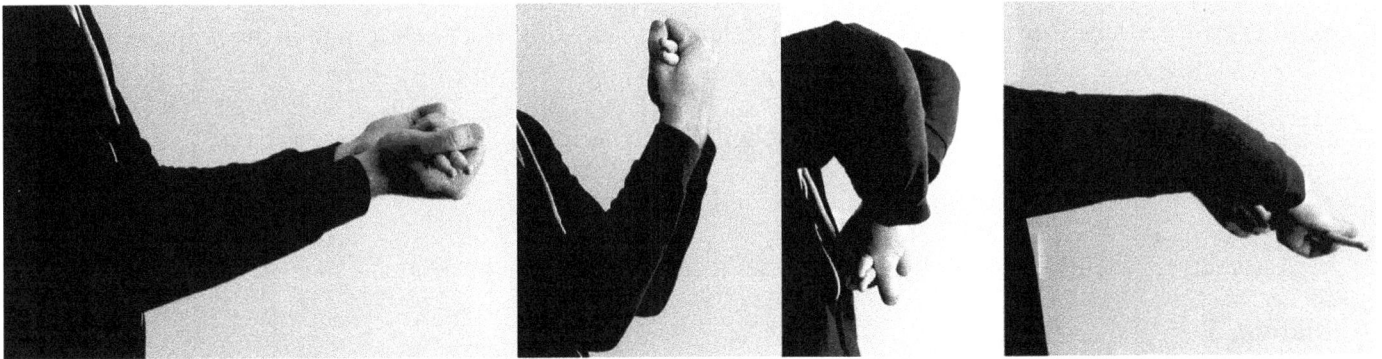

- Achte darauf, dass du dich hier nicht überanstrengst. Wenn es sich unangenehm anfühlt, musst du vielleicht wieder damit beginnen, die Sticks mit weiter auseinander liegenden Händen zu greifen. Atme einfach mehrmals ein und aus und lass die Hände sich anpassen. Nach ca. 10-15 Sekunden lass den kleinen Finger los.

- Bleib locker und entspannt und lass den Stick die Arbeit tun. Das Wichtigste bei diesen Dehnungen ist nicht, dass man die Dehnung mit Gewalt durchführt, sondern dass man die richtige Position lange genug hält, damit der Körper sich anpassen kann.

- Lass den Ringfinger los.

- Halte die Position ca. 10-15 Sekunden lang und lass dann den Mittelfinger los.

- Abbildung 2 zeigt die verschiedenen Fingerdehnungen im Detail.

Abbildung 2

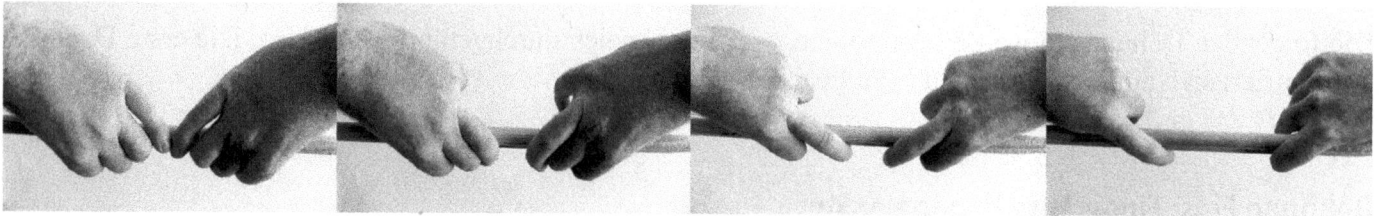

Wenn du fertig bist, schüttel die Hände locker aus und mach mit der folgenden Übung weiter.

Dehnung 2: Rotation

- Halte beide Sticks an der Spitze in einer Hand, wie in Abbildung 3 dargestellt.

- Halte den Arm immer ausgestreckt vom Körper weg.

- Die erforderliche Bewegung ist hier eine Drehung um ca. 180 Grad, bevor man in die Ausgangsposition zurückkehrt.

- Drehe vom Ellbogen aus, um einen fast scheibenwischerartigen Effekt zu erzeugen.

- Rotiere mit jedem Arm etwa 10 Mal und wiederhole es dann.

- Lass das Gewicht der Sticks deinen Arm bei jeder Drehung leicht dehnen.

Abbildung 3

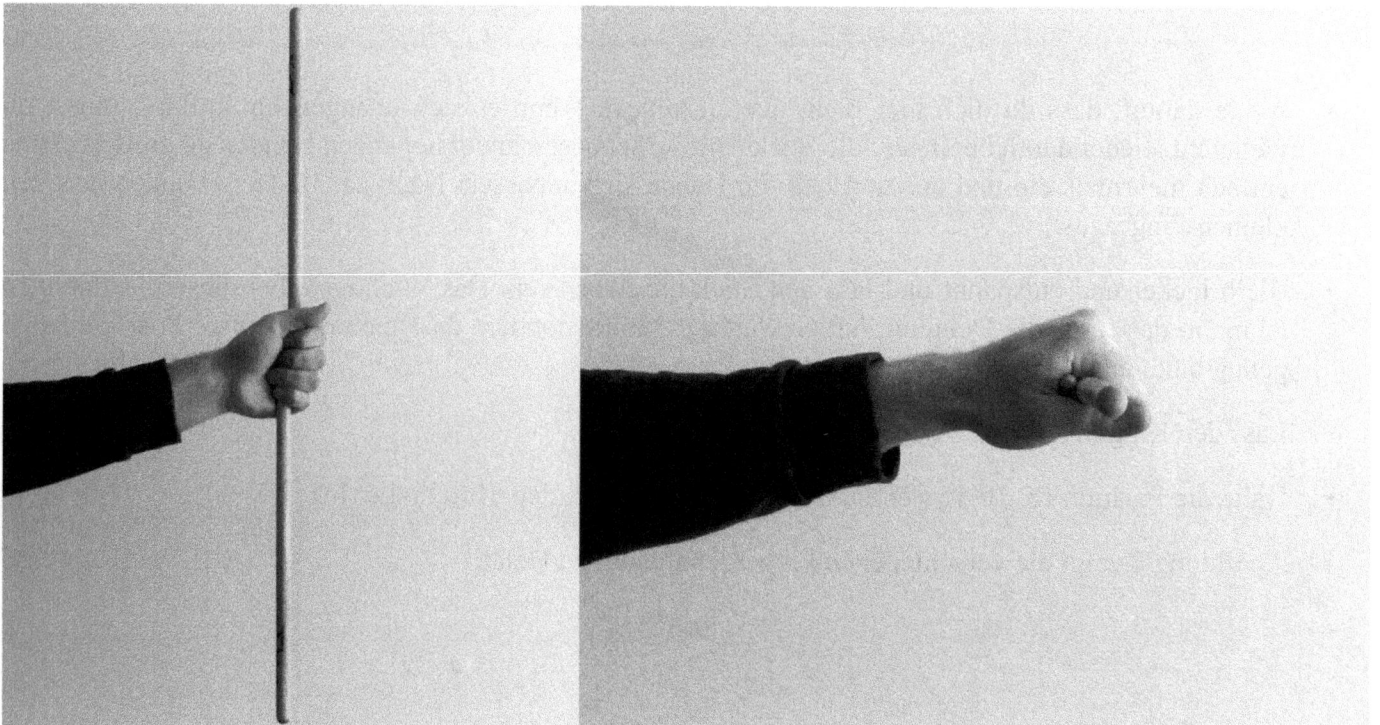

Essenzielle Techniken für Aufwärmübungen

Pull-Out-Akzente

Pull-Out-Akzente erfordern eine Technik, die aus zwei Teilen besteht. Der erste Teil ist ein regelmäßiger „Tap"-Schlag und der zweite Teil ist ein Akzent, der von einem Handgelenk & Unterarm-Downstroke kommt. Der knifflige Teil besteht darin, von der Anfangsposition in die „Up"-Position zu gelangen, so dass man den vollen Downstroke spielen kann.

- Zuerst hältst du den Stick etwa 5-8 cm über die Oberfläche des Fells oder des Pads.

- Als nächstes hebst du den Unterarm vom Ellenbogen ab und lässt das Handgelenk locker, damit der Stick nach unten bewegt werden kann, um auf das Fell zu tippen.

- Die Bewegung des Unterarms nach oben sollte das Handgelenk nach dem ersten Schlag in die „Up"-Position „schwingen".

Abbildung 4 zeigt die Positionen vor dem Tap-Schlag über den Tap-Schlag bis hin zur „Up"-Position. In der „Up"-Position bist du bereit, den Akzent zu spielen.

Abbildung 4

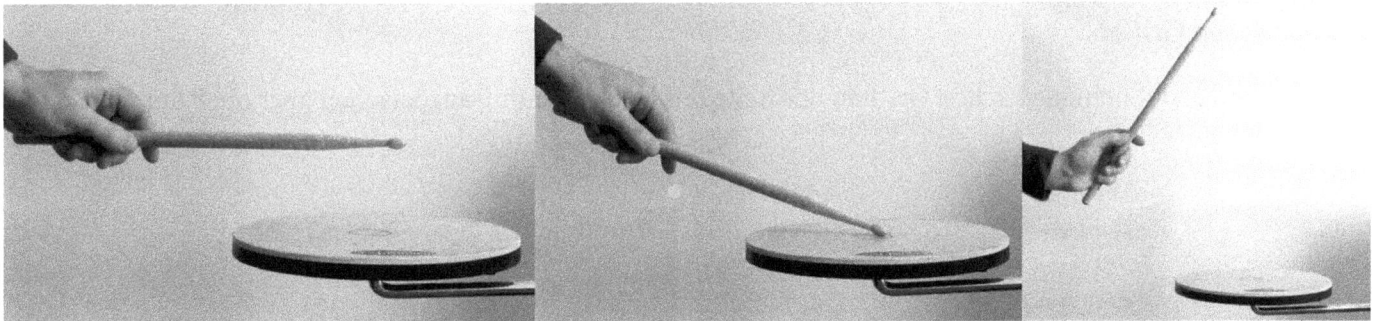

Pull-Out-Akzente sind schwer zu beherrschen, aber du wirst feststellen, dass sie eine ganz andere Muskelgruppe bearbeiten und neue Herausforderungen bieten. Die langfristigen Vorteile sind mehr Kraft und Geschwindigkeit beim Schlagzeugspielen.

Fingerschlag

Wie bereits angedeutet, kommt der Fingerschlag direkt von den Fingern und nicht nur vom Handgelenk. Versuche, alle Finger in Kontakt mit dem Stick zu halten, wenn du diesen Schlag ausführst. Der Drehpunkt sollte zwischen Daumen und Zeigefinger liegen, wobei alle vier Finger die Bewegung des Sticks steuern.

Hier ist ein Beispiel für einen Fingerschlag in einem „French-Style"-Griff.

Abbildung 5

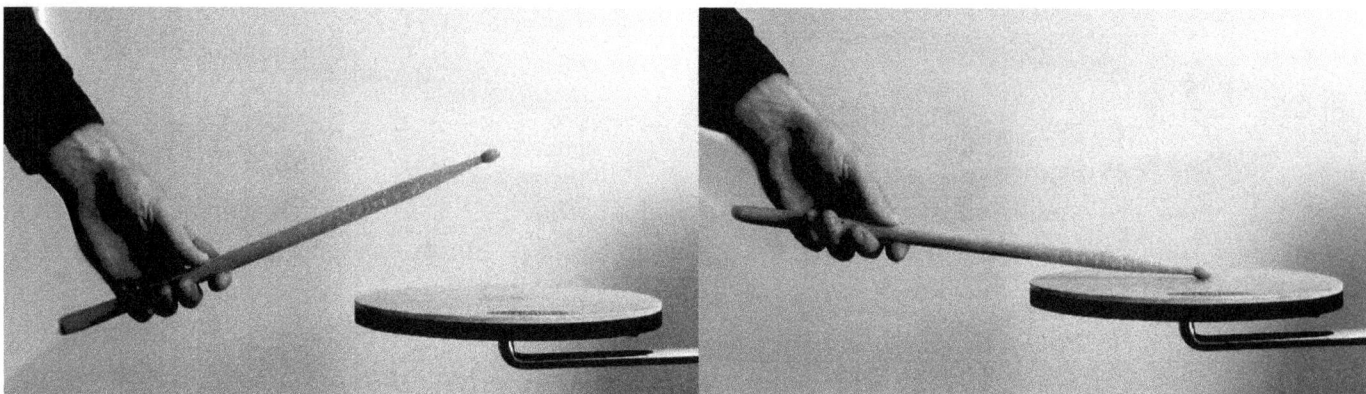

Beachte die Platzierung des Daumens oben auf dem Stick. Dieser Griff kombiniert mit den Fingern kann einen Doppelschlag mit einer Abwärts-/Aufwärtsbewegung von Handgelenk und Unterarm erzeugen.

Wenn du einfache Schläge mit dem Handgelenk im französischen Griff spielst, kannst du eine Drehbewegung des Handgelenks (ähnlich dem Drehen eines Türknaufs) für zusätzliche Kraft und Geschwindigkeit verwenden.

Das folgende Bild zeigt die Verwendung der Finger bei einem „deutschen" Griff, der überwiegend mit der Handfläche nach unten ausgeführt wird. Beachte den Unterschied zwischen dem Fingerschlag bei französischen und deutschen Griffen.

Der Daumen endet beim deutschen Griff an der Seite des Sticks, beim französischen aber oben auf dem Stick.

Abbildung 6

Mir fällt auf, dass ich französische oder deutsche Griffe in verschiedenen Situationen verwende. In der Regel kommt es darauf an, was sich am angenehmsten anfühlt, was die Reichweite betrifft.

Flams

Flams bestehen aus einem normalen Schlag, dem ein Vorschlag (ein leichter Tap) vorausgeht. Dieser Vorschlag verziert den folgenden vollen Schlag. So wird eine rechtshändiger Flam in der Notenzeile notiert:

Abbildung 7

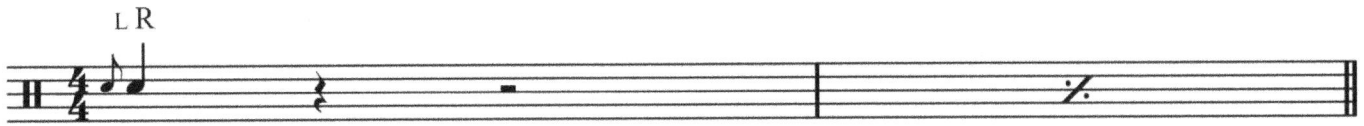

Snaps

Snaps treten auf, wenn wir einen regelmäßigen Doppelschlag mit einem zusätzlichen Tap der anderen Hand ausfüllen. Snaps werden normalerweise ohne Akzente gespielt, aber Akzente können entweder der ersten oder der letzten Note der drei hinzugefügt werden.

Abbildung 8

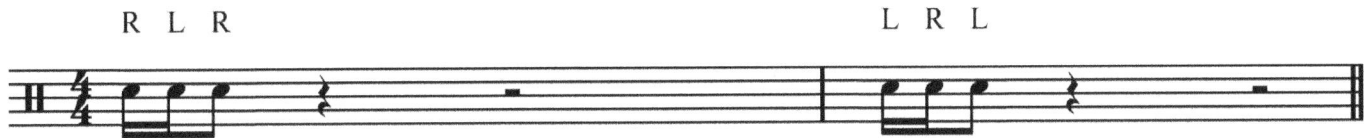

Hol dir das Audio

Die Audiodateien zu diesem Buch stehen unter www.fundamental-changes.com zum kostenlosen Download bereit, der Link befindet sich oben rechts. Wähle einfach diesen Buchtitel aus dem Drop-Down-Menü und folge den Anweisungen, um das Audio zu erhalten.

Wir empfehlen, die Dateien direkt auf deinen Computer und nicht auf dein Tablet herunterzuladen und sie dort zu extrahieren, bevor du sie deiner Medienbibliothek hinzufügst. Du kannst sie dann auf dein Tablet oder deinen iPod ziehen oder auf CD brennen. Auf der Download-Seite gibt es ein Hilfe-PDF und wir bieten auch technische Unterstützung über das Kontaktformular.

50 Essenzielle Aufwärmübungen für Schlagzeug

1: The Snap

(Eintaktige Phrase)

Eine grundlegende Übung, die die Grundlage vieler Aufwärmübungen bilden wird. Ich nenne sie den „Snap" und er wird wie ein Doppelschlag mit einer zusätzlichen Note dazwischen gespielt.

Bei niedrigeren Geschwindigkeiten kannst du diese Übung mit vollen Downstrokes spielen. Bei höheren Geschwindigkeiten ist es vorteilhafter, bei jedem Doppelschlag das Handgelenk gefolgt von den Fingern zu benutzen.

Auf dem Schlagzeug kannst du das Drei-Noten-Pattern zwischen verschiedenen Stimmlagen bewegen, um die Genauigkeit zu erhöhen.

Der Wechsel von der Snare zur Hi-Hat und vom Standtom zum vorderen Tomtom funktioniert hier gut.

Empfohlener BPM-Bereich: 140-280

2: The Pendulum

(Zweitaktige Phrase)

R l l R l l R l l R l l R l l R l l R   L r r L r r L r r L r r L r r L

Eine symmetrische Übung, die sich auf Gruppen von punktierten 1/8-Triolen konzentriert. Du kannst das mit oder ohne Akzente spielen.

Wenn du ohne Akzente spielst, wechsle zwischen der obigen Phrase und zwei Takten „Hand-zu-Hand 1/16", während du versuchst, die Dynamik so gleichmäßig wie möglich zu halten.

Am Set kannst du die akzentuierende Hand auf verschiedene Trommeln und Becken bewegen, um interessante Patterns zu erzeugen. Es besteht die Möglichkeit für einige kniffllige Cross-Stickings, wenn du den Akzent der linken Hand auf dem Schlagzeug herum wandern lässt.

Versuche, den Akzent für die Bassdrum und das Crash-Becken zusammen zu ersetzen.

Empfohlener BPM-Bereich: 80-160

3: Four Stroke Ruff

(Eintaktige Phrase)

R L R L R L R L R L R L R L R L L R L R L R L R L R L R L R L R

Der „Vier-Schlag-Ruff" oder „Single Stroke Four".

Ein weiterer grundlegender Teil zukünftiger Übungen. Der Ruff kann vom ersten bis zum letzten Schlag mit zunehmendem Tempo gespielt werden. Im Audio-Beispiel behandeln wir den Ruff als vier gleiche Schläge.

Bei langsamen Tempi, sei klar und präzise. Bei schnelleren Tempi behandle die Übung als Doppelschlag in beiden Händen. Diese Doppelschläge sind versetzt angeordnet, um vier separate Noten zu erzeugen.

Auf das Schlagzeug angewendet, kannst du eine Vielzahl von musikalischen Ideen verwirklichen. Eine einfache Anwendung ist der Versuch, die letzte Note des Ruffs auf einem Tomtom oder einem Becken zu spielen. Hier ist eine andere Art von Bewegung erforderlich, da du den Oberarm in Verbindung mit dem Handgelenk und den Fingern benutzen musst, um das Tomtom oder das Becken zu erreichen.

Empfohlener BPM-Bereich: 90-180

4: Inverted Double Eights

(Eintaktige Phrase)

R l l r r l l r L r r l l r r l   L r r l l r r l R l l r r l l r

Einführung von invertierten Doppelschlägen.

Hier gilt es, die invertierten Doppelschläge so gleichmäßig wie möglich zu halten. Spiele diese Übung mit und ohne Akzente. Doppelschläge können auch mit einer Kombination aus Handgelenk und Fingern gespielt werden. Diese Technik kann auf verschiedenen Flächen wie Tomtoms und Becken effektiver sein.

Es ist ganz einfach, dieses Pattern auf einen Kick, Snare und Hi-Hat Drum Beat anzuwenden. Spiele mit der rechten Hand auf der Hi-Hat und mit der linken Hand auf der Snare. Du kannst die Bassdrum zum Schlag 1 hinzufügen, um ein interessantes Halftime-Pattern zu erzeugen.

Empfohlener BPM-Bereich: 90-180

5: Triple Strokes

(eintaktige Phrase)

R R R L L L R R R L L L   L L L R R R L L L R R R

Drei gleichmäßige Schläge mit jeder Hand.

Es ist wichtig, dass man hier das Beginnen mit beiden Händen übt, da es eine mentale Schwerpunktverlagerung erfordert.

Der Dreifachschlag wird bei zukünftigen Übungen, wie z.B. bei Einzelschlägen und Flams angewendet.

Spiele dieses Pattern auf verschiedenen Teilen des Schlagzeugs, von der Snare über Tomtoms bis hin zu den Becken.

Möglicherweise musst du deine Technik anpassen, um drei volle Schläge auf verschiedenen Flächen zu erhalten. Öffne die Snare und spiele auf verschiedenen Trommeln, um ein „folkloristisches" 12/8-Pattern zu erzeugen.

Empfohlener BPM-Bereich: 90-180

6: Flam Accent Variation

(Zweitaktige Phrase)

lR L R rL R L lR L R rL L R   rL R L lR L R rL R L lR R L

Eine Variation des Flam-Akzents, die die Phrase zu einer symmetrischen Übung macht.

Die letzten drei Töne des Taktes sind deine Aufmerksamkeit wert. Es sind diese drei Töne, die es dem Sticking ermöglichen, die Hände ganz einfach in den nächsten Takt zu wechseln.

Das Einbinden von Tomtoms ist eine schöne Art und Weise, diese Aufwärmübung auf das Drumset anzuwenden. Versuche, jeden Vorschlag auf einem Tomtom zu spielen, während du für die regelmäßigen 1/8-Schläge bei der Snare bleibst. Zum Beispiel könnte der erste Vorschlag der linken Hand auf einem normalen Schlagzeug-Setup für Rechtshänder auf das Standtom verschoben werden.

Verwende diesen Ansatz, um dem Pattern mehr Farbe zu verleihen. Ehe man sich versieht, wartet eine Welt voller Flams darauf, entdeckt zu werden.

Empfohlener BPM-Bereich: 80-160

7: The Snapadiddle

(Eintaktige Phrase)

R L R L R L R L R L   L R L R L R L R L R

Der „Snapadiddle".

Wenn du bereits mit dem Paradiddle vertraut bist, dann sollte dir dieses Konzept leicht fallen. Zwischen dem Doppelschlag eines normalen Paradiddle ist ein zusätzlicher Ton zu spielen.

Ich spiele diese Aufwärmübung gerne auf der Hi-Hat in einem regelmäßigen 4/4-Takt.

Mit der Bassdrum auf Schlag 1 kannst du die linke Hand auf Schlag 3 zur Snare bewegen, um ein Halftime-Backbeat-Feeling zu erzeugen.

Für eine zusätzliche Herausforderung bewege deine rechte Hand zum Ride-Becken, während du die linke Hand auf Hi-Hat und Snare behältst.

Dieses Pattern kann auch bei umgekehrtem Sticking verwendet werden. In diesem Fall ist es die rechte Hand, die den Backbeat der Snaredrum spielt.

Empfohlener BPM-Bereich: 110-220

8: The Quintessential

(Zweitaktige Phrase)

Diese Aufwärmübung ist in 5/8 geschrieben. Du musst diese Übung nicht unbedingt zählen, aber es ist einfacher, sie auf diese Weise zu notieren. Ein Six-Stroke-Roll, gefolgt von einem Paradiddle, das die Übung in die andere Hand umkehrt.

Wenn du diese Übung in 1/8-Noten zählen würdest, würden die Akzente auf den Schlägen 1 und 4 landen.

Wenn du diese Übung auf dem Schlagzeug spielst, kannst du sie zwischen Ride-Becken und Hi-Hat spielen. Spiele die Akzente der rechten Hand zusammen mit der Kuppe des Ride-Beckens und der Bassdrum für mehr Definition.

Spiele als nächstes die Akzente der linken Hand auf der Snare, um einen interessanten 5/8- oder 5/4-Groove zu erzeugen.

Empfohlener BPM-Bereich: 1/4-Noten @ 100-190

9: Triples over 4

(Zweitaktige Phrase)

R R R L L L R R R L L L R R L R   L L L R R R L L L R R R L L R L

Dreifach- und Doppelschläge über eine zweitaktige Phrase kombiniert.

Im zweiten Takt wird das Sticking umgekehrt. Spiele in niedrigen Tempi mit Betonung auf gleichmäßig klingende Noten, bevor du die Geschwindigkeit erhöhst.

Dies ist eine großartige Übung, um auf dem gesamten Drumset zu spielen, während man das Sticking zwischen verschiedenen Trommeln bewegt. Bemühe dich um drei gleichmäßig klingende Noten für jeden Dreifachschlag.

Empfohlener BPM-Bereich: 70-130

10: One-sided Hertas

(Eintaktige Phrase)

R L R R L R L L L R L R R L R L L   L R L L L R L R R L R L L L R L R R

Dreifachschläge kombiniert mit Snaps.

Diese Übung ist in 12/8 geschrieben. Es ist nicht nötig, hier Akzente zu setzen, konzentriere dich einfach auf die genaue Platzierung der zusätzlichen Note in jeder Dreiergruppe.

Eine zusätzliche Herausforderung ist diese Aufwärmübung auf dem Drumset und das Spiel zwischen Tomtoms und Snare. Versuche, die erste Note jeder Gruppe auf einem Tomtom und die folgenden Noten auf der Snare zu spielen.

Kehre nun die Intonation um, so dass du die erste Note auf der Snare und die folgenden Noten auf einem beliebigem Tomtom deiner Wahl spielst.

Dies ist ein hartes Training für Arme und Handgelenke. Konzentriere dich darauf, die direkte Mitte jeder Trommel zu treffen, um die Genauigkeit zu verbessern.

Empfohlener BPM-Bereich: 70-140

11: Pull-Out Accents in 12/8

(Eintaktige Phrase)

R l l r r l L r r l l r R l l r r l L r r l l r   L r r l l r R l l r r l L r r l l r R l l r r l

Einführung in „Pull-Out"-Akzente.

Pull-Out-Akzente sind großartig, um die Kontrolle und Kraft der Unterarme zu erhöhen. Schau dir die Einführung für eine genauere Erklärung an. Ich empfehle, bei dieser Übung so lange wie möglich ein niedriges Tempo einzuhalten. Die Perfektionierung des Übergangs vom Tap- zum Downstroke-Akzent ist der Schlüssel und dieser kommt nur mit ausreichend Übung.

Eine hilfreiche Möglichkeit, sich mit Pull-Out-Akzenten vertraut zu machen, ist die Verwendung einer anderen Trommel, um die notierten Akzente zu spielen. Wenn du deine Hand von Snare zu Tomtom bewegst, um den Akzent zu spielen, musst du automatisch den Oberarm benutzen. Es ist die Bewegung des Oberarms, die der Schlüssel zur Erzeugung einer starken zweiten akzentuierten Note sein wird.

Der Einfachheit halber, spiele jeden Akzent der rechten Hand auf dem Standtom und jeden Akzent der linken Hand auf der Hi-Hat. Dieses vorgeschlagene Sticking bezieht sich auf das konventionelle Rechtshänder-Setup des Drumsets.

Empfohlener BPM-Bereich: 40-80

12: On-Off-Flam Accent

(Eintaktige Phrase)

Aufeinanderfolgende Flams.

Hier verzögern wir einen normalen Flam-Akzent um zwei 1/8-Noten, um eine schwierigere Übung zu erhalten. Dieses Pattern ist nicht symmetrisch, also stelle sicher, dass du das Sticking umkehrst.

Abgesehen von der Verschiebung der Vorschläge auf andere Trommeln, wie z.B. Tomtoms, kannst du dieses Konzept auch umkehren und die Note, die jedem Vorschlag folgt, verschieben. In diesem Fall kann die erste rechte Hand ein Crash-Becken mit darunter liegender Bassdrum spielen. Der Vorschlag mit der linken Hand bleibt in der Position über der Snare.

Tu dies für alle Flams im Pattern.

Die aufeinanderfolgenden Flams auf die letzten und ersten Schläge im Takt sind am schwierigsten zu meistern, also nimm dir Zeit und halte das Tempo so lange niedrig, bis du dich mit dem Sticking wohlfühlst.

Empfohlener BPM-Bereich: 60-150

13: The Mixer

(Eintaktige Phrase)

R L R L R L R L R L R L R L R L R L R L   L R L R L R L R L R L R L R L R L R L R

Basierend auf „dem Ruff" oder dem „Single Stroke Four", ist dies eine Hand-zu-Hand-Übung in 12/8.

Im Wesentlichen ist es eine Phrase aus fünf Noten, die von Hand zu Hand gespielt wird.

Das Hinzufügen von Akzenten zu jeder 1/8-Note ist optional, also sei dir bewusst, was du schwieriger zu spielen findest und arbeite daran.

Der Mixer funktioniert gut als Big-Band-Lick im Stil von Buddy Rich. Ersetze die erste Note jeder Fünf-Noten-Gruppierung durch Crash-Becken und Bassdrum. In 12/8 bedeutet dies, die Schläge 1, 4, 7 und 10 zu spielen.

Wenn du dieses Konzept gemeistert hast, kannst du zu anderen Variationen vom Mixer übergehen.

Versuche die letzte Note jedes Vier-Noten-Ruffs mit Crash-Becken und Bassdrum zu spielen. In diesem Fall betonen wir die Schläge 3, 6, 9 und 12.

Empfohlener BPM-Bereich: 40-120

14: Herta Fly

(Zweitaktige Phrase)

Eine symmetrische Phrase, die im Audio-Beispiel mit Rimshots demonstriert ist.

Diese Phrase kann gut für 3-5 Minuten in entspanntem Zustand gespielt werden.

Du kannst dieses Pattern verwenden, um Dreifachschläge auf dem gesamten Schlagzeug zu spielen. Im Wesentlichen ist diese Aufwärmübung eine einfache Art und Weise, um an „Hertas" zu arbeiten, während man entweder mit der linken oder der rechten Hand führt.

Die drei 1/8-Noten am Ende jedes Taktes ermöglichen ein einfaches Umkehren des Stickings.

Empfohlener BPM-Bereich: 70-160

15: Herbie

(Eintaktige Phrase)

Einzelschläge in 12/8, die bei jedem Schlag die Hand wechseln.

Diese Übung ist eine Weiterentwicklung des vorhergehenden Dreifachschlag-Patterns in den Aufwärmübungen #5 und #10. Behandle sie auf die gleiche Weise und strebe drei gleichmäßige Schläge in jeder führenden Hand an. Die zusätzlichen Schläge können später mit der anderen Hand hinzugefügt werden.

Wenn du diese Übung auf ein fünfteiliges Schlagzeug überträgst, kannst du das Pattern gleichmäßig in 4 Schläge aufteilen. Die Schläge 1-3 haben fünf Noten. Schlag 4 wird drei Noten haben.

Eine praktische Anwendung dieser Methode ist es, Schlag 1 auf dem Standtom zu spielen. Als nächstes wechsle für Schlag 2 auf das vordere Tomtom. Schlag 3 kann auf dem mittleren Tomtom gespielt werden, das nun mit der rechten Hand leicht zugänglich ist.

Zum Schluss spiele die drei Schläge des 4. Taktes auf der Snare.

Durch diese Methode und die Wiederholung mit umgekehrtem Sticking kannst du neue, interessante Wege finden, um der Aufwärmübung Charakter zu verleihen.

Empfohlener BPM-Bereich: 70-140

16: Snapadiddle Inversion #1

(Eintaktige Phrase)

R L R L R L R L R L   L R L R L R L R L R

Umkehrung des Snapadiddle.

Beginne mit einem normal umgekehrten Paradiddle, um einen gleichmäßigen Fluss zu erhalten (ein Doppelschlag, gefolgt von zwei Einzelschlägen, die als gerade 1/8-Noten gespielt werden). Als nächstes füge die zusätzliche Note zwischen jedem Doppelschlag hinzu.

Ich spiele diese Aufwärmübung gerne zwischen Tomtom und Snare, da dies einige knifflige Bewegungen erzeugt, die man sich genauer anschauen kann.

Spiele die erste Dreiergruppe auf der Snare und gehe dann zum Tomtom über, um die nächsten zwei 1/8-Noten zu spielen. Mache mit dieser Bewegung weiter, während sich das Sticking umkehrt.

Wenn du diesen Durchgang gemeistert hast, versuche stattdessen, das Pattern auf dem Tomtom zu beginnen. Diesmal wirst du von Tomtom zur Snare und zurück wechseln. Achte darauf, die Mitte jeder Trommel anzupeilen, um Ungenauigkeiten zu vermeiden.

Ziehe immer Genauigkeit gegenüber der Geschwindigkeit vor, denn die Geschwindigkeit kommt mit der Zeit von selbst.

Empfohlener BPM-Bereich: 110-220

17: The Tightrope

(Zweitaktige Phrase)

R R R L L L R R L L R R   L L L R R R L L R R L L

Übergange von Dreifachschlägen zu Doppelschlägen.

Eine tolle Aufwärmübung zum Auflockern der Finger.

Eine gleichbleibende Höhe der Sticks führt zu gleichmäßiger Lautstärke. Versuche, die Noten so gleichmäßig wie möglich und das Tempo konstant zu halten.

Du kannst diese Übung auf das Schlagzeug übertragen, indem du sie für Ride-Becken und Snare für die rechte bzw. linke Hand arrangierst.

Als zusätzliche Herausforderung kannst du auf jedem Ride-Becken eine Bassdrum hinzufügen.

Empfohlener BPM-Bereich: 70-180

18: The Cuckoo

(Zweitaktige Phrase)

```
lR  R  L  lR  R  L  lR  R  L  lR  R    rL  L  R  rL  L  R  rL  L  R  rL  L
```

Eine Mischung aus einigen „Swiss Army Triplets" und einem „Flam Tap" zum Aufwärmen in 11/8.

Drei Dreiergruppen und eine Zweiergruppe bilden die elf Achtel.

Bemühe dich um voll klingende Flams – sie sollten nicht „flach" oder unisono klingen.

Dies ist eine weitere großartige Flam-Übung, die man auf dem Drumset spielen und zusätzliche Stimmen wie Tomtoms und Becken hinzufügen kann.

Empfohlener BPM-Bereich: 1/4-Note = 55-110

19: Double Snaps

(Eintaktige Phrase)

R L L R R L L R L R L L R R L L R L   L R R L L R R L R L R R L L R R L R

Hinzufügen von Snaps zu umgekehrten Doppelschlägen.

Beginne langsam; fühle den Rhythmus, bevor du versuchst, das Tempo zu erhöhen. Wenn du den umgekehrten Takt nicht fest im Griff hast, kann es chaotisch werden.

Wenn du mit deinem einheitlichen Sticking zufrieden bist, hör auf und wechsle die Hände.

Wenn du dieses Pattern auf dem Drumset spielst, verwende Schlag 1 und 3, um die Stimmlagen zu verändern. Das Hinzufügen von Akzenten wie Rimshots funktioniert hier gut. Außerdem kannst du diese Aufwärmübung verwenden, um ein Halftime-Pattern zu erstellen. Beginne auf der Hi-Hat und füge die Bassdrum zu Schlag 1 hinzu.

Als nächstes solltest du deine rechte Hand auf Schlag 3 zur Snare hinunter bewegen und zunächst in einem langsamen Tempo spielen, um den Rhythmus richtig aufzubauen.

Wenn du diesen Halftime-Groove gemeistert hast, schalte einen Gang hoch, indem du weitere Bassdrum-Schläge über den gesamten Takt hinweg hinzufügst. Schlag 2 und 4 wäre eine naheliegende nächste Wahl.

Empfohlener BPM-Bereich: 70-140

20: The Riffle

(Eintaktige Phrase)

Akzente mit umgekehrten Doppelschlägen kombinieren.

Dies ist keine symmetrische Übung.

Diese Aufwärmübung könnte man sich als eine Kombination eines umgekehrten Ten-Stroke-Roll mit einem umgekehrten Six-Stroke-Roll vorstellen, die einen 4/4-Takt ergibt, der aus 1/16 besteht.

Mit dieser Aufwärmübung kannst du feurige Snare- und Tomtom-Fills erstellen. Zum Beispiel, wenn wir dieses Pattern mit einer rechten Hand spielen, werden wir alle Akzente der rechten Hand auf dem Standtom spielen. Jede linke Hand kann zunächst auf einem anderen Tomtom gespielt werden.

Diese Übung funktioniert auch gut, wenn du die Akzente durch Crash-Becken und Bassdrum Kombinationen ersetzt.

Empfohlener BPM-Bereich: 90-190

21: Hyper-Bolero

(Zweitaktige Phrase)

Ein musikalischeres Beispiel für den Vier-Schlag-Ruff, der als Triole innerhalb einer Triole gespielt wird. Halte an, tausche die Hände und spiele weiter.

Eine gute Möglichkeit, diese Übung auf dein Schlagzeug zu übertragen, ist das Experimentieren mit der 1/8-Noten-Platzierung. Spiele jede Triole auf der Snare und verschiebe die Akzente auf Tomtoms und Becken.

Die Hände nach dem Spielen der Akzente in die richtige Position zurückzubringen, kann bei höheren Geschwindigkeiten eine Herausforderung sein.

Empfohlener BPM-Bereich: 60-130

22: 12/8-Pull-Out Accents

(Eintaktige Phrase)

R L L R R L R L R R L L R L   L R R L L R L R L L R R L R

Das Hinzufügen von Akzenten und Snaps zu umgekehrten Doppelschlägen in 12/8.

Das Schöne an so gespielten Doppelschlägen ist, dass sie automatisch alle zwei Schläge die Hände wechseln.

Achte auf die Höhe der Sticks, um einen starken Akzent zu setzen. Es muss eine federnde Bewegung vom Tap (erster Schlag des Doppelschlags) nach oben erfolgen, um die für den Akzent (der zweite Schlag) erforderliche Höhe zu erhalten.

Diese federnde Bewegung kommt aus dem Arm und unterstützt den natürlichen Rückstoß des ersten Schlags.

Für mehr Schwierigkeit auf dem Drumset spiele den 1/16-Noten-Abschnitt zwischen der Snare und dem ersten Tomtom. Das bedeutet, dass du jede Note außer dem Akzent auf der Snare spielen musst, der auf dem Tomtom deiner Wahl gespielt werden sollte.

Beginne mit einem langsamen Tempo, um Genauigkeit bei der Platzierung des Sticks zu gewährleisten. Es ist wichtig, die Mitte jeder Trommel anzuschlagen.

Opfere beim Erlernen dieser Technik niemals frühzeitig die Genauigkeit zugunsten der Geschwindigkeit.

Empfohlener BPM-Bereich: 40-90

23: Snapadiddle Inversion #2

(Eintaktige Phrase)

Den Snapadiddle ein weiteres Mal umkehren.

Eine tolle Übung zwischen Hi-Hat und Snare, vor allem mit dem Backbeat auf Schlag 3.

Diesmal landet der „Snap" auf dem Offbeat der Schläge 1 und 3. Du kannst diese Aufwärmübung „1-und-e-2-und-3-und-e-4-und" zählen. Wiederhole dies mit der anderen Hand.

Vielleicht möchtest du experimentieren, indem du dies mit deiner schwächeren Hand beginnst. Auf einem Standard-Schlagzeug-Setup bedeutet dies, dass du den Schlag 3 mit deiner führenden Hand spielen kannst und dabei jedes unangenehme Kreuzen der Hände vermeidest.

Es ist eine gute Übung, sich mit dem Führen mit der anderen Hand vertraut zu machen. Übe diese Übung mit Schlägen der Bassdrum auf einer Mischung der Schläge 1, 2 und 4.

Dieses Pattern könnte auch im doppelten Tempo mit einer Kombination aus 1/16- und 1/32-Noten gespielt werden.

Empfohlener BPM-Bereich: 110-220

24: The Flutter-By

(Eintaktige Phrase)

R L L R R L L R rL L   L R R L L R R L lR R

Umgekehrte Doppelschläge und ein Flam in 5/8.

Wenn du diese Übung als 1/8-Noten zählen würdest, dann würde der Flam auf Schlag 5 landen. Das Hinzufügen des Akzentes zu Schlag 1 ist optional. Für mehr Schwierigkeit versuche es symmetrisch als zweitaktige Phrase zu spielen.

Um dieses Pattern auf dem Drumset zu spielen, ist es hilfreich, sich damit vertraut zu machen, es wie über einen Schlag geschrieben zu hören. Wenn du das Sticking gemeistert hast, kannst du dann damit beginnen, einen Bassdrum-Impuls auf den ersten Schlag jedes 5/8-Taktes zu legen.

Mit höherer Geschwindigkeit wird es einfacher, diese Aufwärmübung als eine ein-Schlag-Phrase zu hören, die ein Gewirr von Noten enthält.

Dieses Pattern funktioniert gut in einem typischen 12/8-Blues-Beat bei langsamen bis moderaten Tempi. In diesem Fall solltest du das Pattern über jeden Drei-Noten-Impuls spielen.

Empfohlener BPM-Bereich: 80-120

25: The Hustle

(Zweitaktige Phrase)

R l r r r L r l l l R l r r r L r l l l R l r   L r l l l R l r r r L r l l l R l r r L r l

Vierfachschläge mit Snaps.

Hier haben wir Gruppen von vier, drei und zwei in jeder Hand, um eine symmetrische Übung zu schaffen. Dies ist eine großartige Aufwärmübung für die Finger.

Wenn du diese Aufwärmübung auf dem Pad oder der Snare spielst, ist es eine gute Idee zu sehen, wie es dir auf anderen Flächen geht. Das Spiel zwischen Standtom und vorderer Tomtom wird deine Technik wirklich auf die Probe stellen und deine Ausdauer in den Handgelenken und Fingern aufbauen.

Bei tiefer gestimmten Tomtoms musst du die Kraft der Finger nutzen, um das Federn bei höheren Geschwindigkeiten fortzusetzen. Auf hoch gestimmten Tomtoms wird es mehr Federn zum Spielen geben.

Empfohlener BPM-Bereich: 60-110

26: Foreign Flam Accent

(Eintaktige Phrase)

lR L R rL lR L R rL R L   rL R L lR rL R L lR L R

5/8-Flam Übung.

Die aufeinanderfolgenden Flams in dieser Übung werden von zwei Flam-Akzenten gefolgt.

Übe eine Reihe von abwechselnden Flams, bevor du diese Aufwärmübung versuchst. Das macht das Umkehren des Stickings etwas einfacher.

Diese Aufwärmübung kann zwischen Hi-Hat und Snare gespielt werden, um einen Drum-Fill zu erzeugen, der geschäftig und etwas aus dem Takt klingt.

Der Schlüssel dazu ist, dass man zunächst das Pattern ausschließlich auf der Snaredrum lernt.

Als nächstes spielst du jeden Flam zwischen Hi-Hat und Snare. Dazu musst du den Vorschlag auf der Snare halten, während du den vollen Schlag auf der Hi-Hat spielst. Tu das bei jedem Flam. Du kannst dieses Pattern in einen regelmäßigen 4/4-Schlag einarbeiten, um ein zerrissenes Gefühl zu erzeugen.

Um das 4/4-Timing beizubehalten, spiele am Ende der Phrase sechs zusätzliche 1/16-Noten.

Empfohlener BPM-Bereich: 1/4-Note @ 50-120

27: Snap Accent Run

(Zweitaktige Phrase)

R l l r l r l l r R l l r l r l l r   L r r l r l r r l L r r l r l r r l

Umgekehrte Doppelschläge mit akzentuierten Snaps.

Das ist eine großartige Aufwärmübung zum Ausprobieren auf den Hi-Hats. Ziel ist es, die Akzente am Rand der Hi-Hat und jeden zweiten Schlag auf der Fläche der Hi-Hat zu spielen. Dies erfordert etwas mehr Koordination als auf einer einzelnen Trommel oder einem Übungspad.

Empfohlener BPM-Bereich: 60-130

28: Singles On The Rebound

(Eintaktige Phrase)

r r l l r r l l R L r r l l R L   l l r r l l r r L R l l r r L R

Doppelschläge mit Hand-zu-Hand-Akzenten.

Strebe mit jedem Doppelschlag eine niedrige und mit jedem Akzent eine große Höhe der Sticks an.

Es ist wichtig, saubere und gleichmäßige Doppelschläge anzustreben. Wenn deine Doppelschläge schwach und unsicher sind, werden sie sich nicht in deinem Spiel auf dem Schlagzeug durchsetzen.

Achte genau auf den zweiten Schlag jedes Doppelschlages und arbeite dort an eventuellen Schwachstellen.

Übe dich darin, die Einzelschlag-Akzente durch Crash-Becken- und Bassdrum-Schläge zu ersetzen. Das ergibt einen schönen flüssigen Wirbel, der in einer Reihe von verschiedenen musikalischen Situationen verwendet werden kann.

Empfohlener BPM-Bereich: 100-200

29: Single Stroke Workout #1

(Zweitaktige Phrase)

Eine Kombination von Einzelschlagwirbeln in sieben, fünf und drei im 4/4-Takt.

Im Gegensatz zu den verschiedenen Wirbeln, die üblicherweise mit Trommelrudiments assoziiert werden, gibt es hier keine Doppelschläge. Jede Gruppierung wird Hand-zu-Hand gespielt.

Die Akzentuierung der ersten Note jeder Gruppe ist optional. Du solltest auch üben, den Akzent als Rimshot auf der Snare zu spielen.

Es ist immer gut, Einzelschlagübungen wie diese zu einem Viertelnotenpuls zu üben. Spiele die Bassdrum auf alle 4 Schläge des Taktes und baue das Sticking um sie herum auf.

Da diese Übung Hand-zu-Hand gespielt wird, ist es möglich, das Tempo ohne allzu große Anstrengung zu erhöhen.

Empfohlener BPM-Bereich: 50-110

30: Marching with the Ruffs

(Eintaktige Phrase)

Sorge für Abwechslung in dieser Übung, indem du die führende Hand in jedem Takt wechselst.

Spiele sie auf dem Schlagzeug und füge Bassdrum und Crash-Becken auf die 1/8- und 1/4-Noten hinzu.

Wenn du das Sticking gut im Griff hast, gehe zur Hi-Hat über, um einige interessante Schlag-Variationen zu kreieren. Durch das Hinzufügen von Bassdrum und Snare kann man ein schönes synkopiertes Pattern erzeugen, das auch musikalisch ist.

Der Hauptschlag dieses Patterns wird auf der Hi-Hat gespielt. Verschiebe die Schläge 2 und 4 auf die Snare und füge auf den Schlägen 1 und 3 die Bassdrum hinzu, um einen Grundrhythmus aufzubauen.

Mit dieser Technik bewegst du dich nach der ersten 1/16-Triole von der Hi-Hat zur Snare. Die letzte Note des Taktes wird ebenfalls auf der Snare gespielt, um den 4/4-Backbeat zu vervollständigen.

Du kannst ein Triolenkonzept wie dieses nehmen und es benutzen, um normalen 1/16-Hi-Hat-Patterns mehr Kick zu verleihen.

Empfohlener BPM-Bereich: 90-180

31: Herbie Returns

(Eintaktige Phrase)

R l r l r L r l r l R l r l r L r l r l R l r L r l   L r l r l R l r l r L r l r l R l r l r L r l R l r

Ein Einzelschlagübung in Fünfer- und Dreiergruppen über zwei Takte.

Diese symmetrische Übung ist als 1/32-Noten im 4/4-Takt notiert. Die erste Note jeder Gruppierung kann für eine größere Herausforderung akzentuiert werden.

Spiele diese Übung mit und ohne Akzent auf dem ersten Schlag jeder Gruppierung. Als nächstes werden die Akzente auf den Tomtoms und Becken gespielt.

Nutze den Taktschlag der Bassdrum, um dich daran zu gewöhnen, diese Aufwärmübung synkopischer zu spielen. Solche Einzelschlag-Gruppierungen lassen sich hervorragend in Drum-Soli einbauen.

Achte darauf, dass du das Sticking auf dem gesamten Drumset bewegst, um das Pattern vollständig zu verinnerlichen.

Empfohlener BPM-Bereich: 50-110

32: The Juggler

(Eintaktige Phrase)

R L R R L R L L L R L R R L R L   L R L L L R L R R L R L L L R L R

Dreifachschläge in 12/8 kombiniert mit drei Einzelschlägen am Ende, um den Takt zu vervollständigen.

Der Zweck dieser Übung ist es, sich mit dem Wechsel von Bounce zu Hand-zu-Hand-Sticking vertraut zu machen.

Benutze dieses Sticking, um zwischen den verschiedenen Trommeln deines Setups zu wechseln. Eine solche schwungvolle Bewegung ist das Spielen von der Snare zum Standtom auf Schlag 1. Du kannst das erste „R" „L" auf der Snare spielen und die rechte Hand zum Standtom schwingen, um die nächsten beiden Noten zu spielen. Wenn du zum nächsten Takt übergehst, kehre dieses Konzept um, indem du wieder mit der Snare beginnst, aber diesmal zum leichter erreichbaren vorderen Tomtom übergehst.

Wenn du dich mit dieser schwungvollen Bewegung wohl fühlst, versuche, auf dem Standtom anzufangen und zur Snare zurück zu schwingen.

Empfohlener BPM-Bereich: 70-140

33: Quincey

(Eintaktige Phrase)

Umgekehrte Doppelschläge in 5/8.

Du brauchst diese Aufwärmübung nicht mit einem Metronom in höheren Tempi zu zählen, sondern nur das Gefühl für das Sticking vom Kopf in deine Hände zu übertragen und es einfach laufen zu lassen.

Dies ist eine weitere großartige Aufwärmübung, die leicht als eine ein-Schlag-Phrase behandelt werden kann. Füge hier eine Bassdrum zum ersten Schlag des Taktes hinzu und spiele sie nahe an deiner Maximalgeschwindigkeit.

Du kannst diese zehn-Noten-Phrase rhythmisch durch eine beliebige Standardgruppe von vier-, sechs- oder acht-Noten-Wirbel ersetzen. Es wird ein wenig Zeit brauchen, um genau zwischen den verschiedenen Notengruppen zu wechseln, also stell dir diese Phrase musikalisch vor, anstatt jede Note einzeln zu zählen.

Empfohlener BPM-Bereich: 70-180

34: 12/8 Offbeat Pull-Outs

(Eintaktige Phrase)

r r l L r r l l r R l l r r l L r r l l r R l l   l l r R l l r r l L r r l l r R l l r r l L r r

Pull-Out-Akzente auf dem Offbeat in 12/8.

Dies ist ein kniffligeres Beispiel, da die Akzente nicht auf den Downbeats landen.

Für eine echte Herausforderung spiele diese Übung auf dem Schlagzeug und versuche die Akzente so deutlich wie möglich zu setzen. Durch die unterschiedlichen Oberflächen der Tomtoms sollte dies noch kniffliger sein.

Eine weitere besonders schwere Übung ist es, jede normale Note auf der Hi-Hat und jeden Akzent auf der Snare zu spielen.

Sich so unnatürlich wie hier zu bewegen ist großartig für die Koordination und baut Geschwindigkeit in den Oberarmen auf.

Füge der ersten Note jeder Sechs-Noten-Gruppierung die Bassdrum hinzu, um ein Hyper-12/8-Gefühl zu erzeugen.

Empfohlener BPM-Bereich: 40-80

35: Snapadiddle Inversion #3

(Eintaktige Phrase)

Die letzte der Snapadiddle-Umkehrungen.

Der „Snap" landet auf dem „-e-" jedes Taktes. Versuche, nicht den letzten Schlag jedes Drei-Noten-Snaps zu akzentuieren. Wechsle die Hände und beginne von vorne.

Dieses Pattern funktioniert gut auf einem Set mit Ride-Becken, Hi-Hat, Snare und Bassdrum. Bewege einfach deine führende Hand zum Ride-Becken und spiele mit deiner anderen Hand die Hi-Hat.

Füge die Bassdrum auf den Schlägen 1 und 3 hinzu. Bewege als nächstes deine führende Hand zur Snare auf Schlag 2, um einen Backbeat zu erzeugen.

Du kannst das gleiche auf Schlag 4 tun, nur dass sich diesmal die andere Hand von der Hi-Hat wegbewegt, um den Backbeat zu spielen.

Du hast jetzt einen interessanten Beat mit unterschiedlichen Rhythmen, die in der rechten und linken Hand passieren.

Empfohlener BPM-Bereich: 110-220

36: Single Stroke Workout #2

(Zweitaktige Phrase)

R l r l r l r L r l r l r l R l r l r l r l r L r l R l r   L r l r l r l R l r l r l r l r L r l r l r l R l r L r l

Ein schönes symmetrisches Pattern mit Siebener- und Dreiergruppen.

Halte die vier Schläge in jeder führenden Hand in der gleichen Lautstärke.

Der Schlüssel für das Spielen dieses Notengewirrs, insbesondere der Sieben-Noten-Gruppierung, ist die Nutzung des Abfederns vom Schlagzeugfell.

Es ist einfacher, die Finger zu benutzen, um die folgenden Schläge in höheren Tempi zu erzeugen.

Eine Modifikation dieses Patterns, die ich gerne benutze, ist, jede Sieben-Noten-Gruppe in eine Achtergruppe zu verwandeln, indem ein Bassdrum-Schlag hinzugefügt wird. Du kannst die gesamte Übung auf diese Weise spielen, indem du nach jeder 1/16-Note eine zusätzliche Bassdrum hinzufügst.

Das Timing des Extraschlags kann anfangs schwierig sein, deshalb solltest du die Geschwindigkeit auf etwa 60 BPM reduzieren.

Empfohlener BPM-Bereich: 60-110

37: Consecutive Flam 4's

(Eintaktige Phrase)

Diese Flams können nur mit den Handgelenken oder einer Kombination aus Handgelenk und Finger gespielt werden. Dein Handgelenk kann den Downstroke und deine Finger den Vorschlag spielen... dann drehst du das Sticking um.

Benutze eine Kombination aus Up- und Downstrokes, um Flams in höheren Tempi zu spielen. Jeder Upstroke spielt den Vorschlag jedes Flams.

Mit jedem Downstroke wird der reguläre Tap gespielt.

Mit Zeit und Übung kannst du dich trainieren, auf diese Weise Flams zu spielen. Der Upstroke hat hier große Vorteile: Er positioniert die Hand nicht nur für den folgenden Downstroke richtig, sondern ermöglicht auch eine höhere Geschwindigkeit und ein flüssigeres Spiel.

Empfohlener BPM-Bereich: 60-120

38: Inverted Doubles Run

(Zweitaktige Phrase)

R l l r r l l r r l l r r l l r   L r r l l r r l l r r l l r r l

Versuche, den umgekehrten Wirbel so sanft wie deinen besten Einzelschlagwirbel klingen zu lassen. Spiele mit und ohne den Akzent auf dem ersten Schlag jedes Taktes.

Eine schöne Anwendung dieser Aufwärmübung ist es, alle Akzente nur auf der Snare zu spielen und die anderen Doppelschläge auf einer beliebigen Auswahl von Tomtoms.

Spiele dies zwischen Ride-Becken und Hi-Hat für ein zusätzliches Koordinationstraining. Als nächstes platziere eine Bassdrum auf jeden Schlag mit der rechten Hand.

Wenn du diese Übung gemeistert hast, versuche, die rechte Hand aus der Gleichung zu entfernen, so dass nur der rechte Fuß und die linke Hand ein komplexes umgekehrtes Doppelschlag-Pattern spielen.

Empfohlener BPM-Bereich: 90-180

39: Herta Dublin

(Zweitaktige Phrase)

R L R L R L R L R L R L R L R L R L R L R L

Eine Kombination aus 1/16- und 1/8-Noten, um eine symmetrische Snap-/ Herta-Aufwärmübung zu erstellen.

Eine sauberer, aber entspannter Pinch zwischen den Fingerschlägen ist der Schlüssel zur Steigerung der Geschwindigkeit bei dieser Übung.

Der erste Takt dieser Phrase kann dazu verwendet werden, um Herta-ähnliche Fills auf dem Schlagzeug zu spielen.

Die Melodie kann hier gut herausgearbeitet werden, indem die ersten beiden Schläge zwischen zwei beliebigen Tomtoms gespielt werden. Die nächsten beiden Schläge solltest du auf der Snare spielen. Wiederhole dies auf dem „und" von Schlag 2 und schließe mit drei Abschlussschlägen, wo immer du möchtest, ab.

Die Aufteilung des Patterns auf diese Weise ist großartig für die Beweglichkeit auf dem Drumset und klingt noch dazu gut.

Empfohlener BPM-Bereich: 60-130

40: Pulling Teeth

(Eintaktige Phrase)

R l l r r l L r R l l r r l L r   L r r l l r R l L r r l l r R l

Aufeinanderfolgende Pull-Out-Akzente von Hand zu Hand.

Maximiere den Lautstärkeunterschied zwischen den leisen und den lauten Noten.

Um deine Technik mit Pull-Out-Akzenten zu verbessern, spiele dieses Patterns auf dem Drumset. Spiele jeden Rechtshänder-Akzent auf dem Standtom und jeden Linkshänder-Akzent entweder auf dem vorderen Tomtom oder der Hi-Hat. Spiele jeden zweiten Schlag auf der Snare.

Du musst eine schwungvolle Bewegung verwenden, um die aufeinanderfolgenden Schläge von Snare zu Tomtom oder von Snare zu Hi-Hat zu spielen. Die übertriebene Bewegung, die zum Spielen dieser schwungvollen Bewegung erforderlich ist, hilft dir, die Muskelgruppe aufzubauen, die der Schlüssel zur Beherrschung von Pull-Out-Akzenten ist.

Empfohlener BPM-Bereich: 60-120

41: Flamming Moe

(Eintaktige Phrase)

Dreifachschlag-Flam-Übung.

Die Flams starten auf der dritten 1/16-Note und enden auf der fünften. Die richtige Stickhöhe ist der Schlüssel zum Spielen jedes Flams:

Vorschlag - niedriger Stick,

Voller Schlag - hoher Stick.

Spiele auf der Snare und ersetze jeden Flam durch Beckenschläge. Das bedeutet, dass der Vorschlag des Flams auf der Snare und der Hauptschlag auf dem Ride-Becken oder der Hi-Hat, je nach Wahl, beibehalten werden.

Mit dem gleichen Konzept ersetzt du die Becken durch andere Teile des Schlagzeugs, wie z.B. Tomtoms.

Empfohlener BPM-Bereich: 30-110

42: 12/8 Switcheroo

(Zweitaktige Phrase)

R l r r L r l l R l r r L r l l R l r r L r l l R l r L r l R l r   L r l l R l r r L r l l R l r r L r l l R l r r L r l R l r L r l

Eine zweitaktige Phrase, geschrieben mit 1/32- und 1/16-Noten im 12/8-Takt.

Dieses Beispiel ist eine modifizierte Version von Aufwärmübung #17: Ein zusätzlicher Schlag wird von der gegenüberliegenden Hand hinzugefügt, um jeden Dreifachschlag zu verzieren.

Wenn du mit dem Rhythmus, wie notiert, zu kämpfen hast, kehre zur Aufwärmübung #17 zurück und spiele sie ein paar Mal durch.

Der Schlüssel zur Beherrschung des 1/32-Rhythmus ist das Hinzufügen einer zusätzlichen Note nach der ersten Note jeder Drei- und Zwei-Noten-Gruppierung.

Empfohlener BPM-Bereich: 30-80

43: Snappled

(Zweitaktige Phrase)

R l r r L r l R l r L r l l R l r L r l R l r   L r l l R l r L r l R l r r L r l R l r L r l

Eine 1/32-Note-„Snap"-Übung im 4/4-Takt.

Der Rhythmus ist hier anspruchsvoll gestaltet und es gibt einige ungünstige Platzierungen der Snaps. Dieser Rhythmus wird in schnelleren Tempi leichter zu verstehen.

Wenn du diese Übung in 1/16-Noten zählst, kannst du den Takt in Gruppen von 3, 2, 2, 3, 2, 2 und 2 aufteilen.

Die Betonung der ersten Note jeder Gruppe ermöglicht es, den Rhythmus deutlicher zu hören.

Diese Aufwärmübung funktioniert auch gut in einem Schlagzeugsolo. Akzentuiere die erste Note jeder Gruppe entweder mit Tomtoms oder mit Kombinationen aus Becken und Bassdrum.

Empfohlener BPM-Bereich: 60-100

44: Parsnaps

(Eintaktige Phrase)

R L R L R L L R L R L R L L R L R L R L   L R L R L R R L R L R L R R L R L R L R

Wechsel von Snaps zu regulären Doppelschlägen.

Ein nützliches Sticking, mit dem man auf dem Drumset herumspielen kann; diese Aufwärmübung lässt sich leicht in einige interessante Fills umsetzen.

Durch das Hinzufügen von Akzenten zu Schlag 1 und dem „und" von Schlag 2 kannst du den Rhythmus dieser Übung leichter hören.

Es ist auch wichtig, diese Idee mit umgekehrtem Sticking zu üben.

Spiele den ersten Schlag auf der Snare, gefolgt von den Tomtom-Schlägen bis zum „und" von Schlag 2. Durch Wiederholen der Phrase kommst du bis zum Schlag 4. Spiele Schlag 4 als zwei Snaps auf einer beliebigen Trommel oder einem beliebigen Becken.

Dieses Sticking funktioniert auf dem Drumset auch umgekehrt genauso gut. Beginne mit der linken Hand auf der Snare und spiele zwischen Standtom und Snare auf die gleiche Weise wie zuvor.

Empfohlener BPM-Bereich: 60-110

45: The Blender

(Eintaktige Phrase)

R L R L R L R L R L L L R L R L R L R L R R

Kombination von Einzelschlägen, Snaps und Doppelschlägen.

Dieses Pattern funktioniert gut, wenn es auf dem Drumset gespielt wird und kann für eine zusätzliche Herausforderung symmetrisch gespielt werden.

Auch mit diesem Sticking kann man einen ungewöhnlichen und geschäftigen Hi-Hat-Groove erzeugen. Spiele einfach das Pattern auf der Hi-Hat wie gewohnt und setze den 2. Schlag auf die Snare.

Wenn du den Dreh raushast, kannst du die Snare auch zum „und" von Schlag 3 hinzufügen, was einen komplexen Groove erzeugt, der auch als Fill auf dem Drumset gespielt werden kann.

Füge Schlag 1, dem „und" von Schlag 2 und Schlag 3 die Bassdrum für eine zusätzliche Nuance hinzu.

Empfohlener BPM-Bereich: 110-220

46: Trippin' Sevens

(Eintaktige Phrase)

R l l r r L R l l r r L R l l r r L R l l   L r r l l R L r r l l R L r r l l R L r r

Akzente und umgekehrte Doppelschläge über Triolen im 7/8-Takt gespielt.

Spiele mit und ohne Akzente. Die ersten beiden Schläge sind hier quasi ein umgekehrter Six Stroke Roll.

Dies ist eine weitere Aufwärmübung, die leicht auf das Schlagzeug übertragen und erweitert werden kann.

Du kannst dieses Sticking auch verwenden, um eine Art Halftime-Shuffle in 7/8 zu spielen. Spiele das Pattern auf der Hi-Hat und bewegen deine rechte Hand zur Snare auf die Schläge 3 und 7.

Wenn du einen Bassdrum-Schlag auf die Schläge 1 und 5 legst, ist der Groove komplett.

Du kannst auch Fills um dieses Sticking herum aufbauen, indem du die Akzente auf Tomtoms oder Crash-Becken mit Bassdrum-Schlägen spielst.

Empfohlener BPM-Bereich: 60-110

47: Inverted Seven

(Eintaktige Phrase)

R l l r r l l r L r r l l r r l R l l r r l l r L r r l   L r r l l r r l R l l r r l l r L r r l l r r l R l l r

Umgekehrte Doppelschläge als 1/32-Noten im 7/8-Takt.

Das Audio-Beispiel enthält Akzente, so dass der 7/8-Puls leicht zu hören ist. Spiele sowohl mit als auch ohne Akzente.

Dieses Pattern ist nicht symmetrisch, also vergewissere dich, dass du das Sticking mit der anderen Hand beginnst.

Um einen belebten 1/32-Groove zu erzeugen, spiele dieses Pattern zwischen Hi-Hat und Snare. Auf Schlag 3 spielst du die erste linke Hand als deutlichen Akzent. Tu das gleiche auf Schlag 7. Dies bildet die Basis des 7/8-Grooves.

Du kannst jedem Schlag etwas Bassdrum hinzufügen, um mehr Variation zu erhalten. Am einfachsten ist das auf Schlag 1 und Schlag 5.

Wenn du diesen 1/32-Groove gemeistert hast, versuche, zusätzliche Bassdrums auf verschiedene Kombinationen anderer Schläge mit der rechten Hand zu setzen.

Empfohlener BPM-Bereich: 50-90

48: Inverted Swiss Variation

(Eintaktige Phrase)

R l l r r l l r   rL L R   rL L R   rL L   L r r l l r r l   lR R L   lR R L   lR R

Umgekehrte Doppelschläge, die mit Flams zu einer eintaktigen Phrase kombiniert werden.

Achte auf das richtige Sticking auf die Schläge 3 und 4.

Auf dem Drumset kann man dieses Pattern in einen kurzen eintaktigen Groove oder Fill einarbeiten und zwischen Ride-Becken, Snare und Tomtoms wechseln.

Spiele das Pattern zuerst auf der Snare.

Als Nächstes, während du genau das gleiche Sticking beibehältst, bewege deine rechte Hand zum Ride-Becken. Akzentuiere hier den vollen Schlag jedes Flams auf der Snare (technisch gesehen spielt die rechte Hand den Vorschlag).

Der letzte Schritt besteht darin, jeden Vorschlag nach unten auf das Standtom zu verschieben, um die Snare zu ergänzen. Du kannst diesen Vorschlag mit zusätzlicher Lautstärke für einen kräftigeren Klang spielen.

Denk daran, dich für den folgenden Schlag mit der rechten Hand wieder zum Ride-Becken zu bewegen und wiederhole die Bewegung. Es ist nur der Vorschlag des Flams, der auf dem Standtom gespielt werden sollte.

Zum Schluss fügst du zur besseren Definition eine Bassdrum auf dem Schlag 1 und auf dem „-e-" des 2. Schlags hinzu.

Empfohlener BPM-Bereich: 60-140

49: Flam Central

(Zweitaktige Phrase)

Diese Aufwärmübung endet mit einem „Flam Tap" auf Schlag 4.

Größere Geschwindigkeit kann durch Bewegungen von Handgelenk und Fingern nach oben und unten erreicht werden.

Das Spielen dieses Patterns auf dem Schlagzeug funktioniert gut mit einer offenen Snare und warmen, vollen Tomtom-Sounds. Flams können mit jedem Teil des Schlagzeugs gespielt werden, auch mit Becken.

Vielleicht möchtest du hier die Spitze des Drumsticks verwenden und einen Hauch leichter spielen als bei einem normalen Schlag auf das Crash-Becken.

Empfohlener BPM-Bereich: 50-90

50: Single Stroke Workout #3

(Zweitaktige Phrase)

R l r l r l r L r l r l r l R l r L r l r l r l R l r   L r l r l r l R l r l r l r L r l R l r l r l r L r l

Einzelschläge in Siebener- und Dreiergruppen, um ein symmetrisches Aufwärmen zu erreichen.

Akzente können auf die Schläge 1, 2, 3, das „und" von 3 und das „und" von Schlag 4 gelegt werden. Großartig für die Ausdauer.

Verstärke die Akzente, indem du sie mit einer Kombination aus Crash-Becken und Bassdrums spielst. Spiele nur auf der Snare und verwende Rimshots, um die Akzente zu setzen.

Mit ein wenig Übung wird man feststellen, dass es möglich ist, dieses Pattern in hohen Tempi zu spielen. Jede Gruppierung hat eine kurze Pause, die es den Händen erlaubt, sich zu erholen, im Gegensatz zu einem ununterbrochenen Einzelschlag-Wirbel, der viel mehr Ausdauer erfordert.

Nutze den Vorteil, Akzente auf verschiedene Hände zu wechseln, um neue Möglichkeiten für unterschiedliche musikalische Ideen zu schaffen.

Empfohlener BPM-Bereich: 50-110

Fazit

Dieses Buch wurde mit der Absicht geschrieben, Inspiration in unsere Übungspads zu bringen. Der Großteil des Schlagzeugspiels konzentriert sich auch heute noch auf zwei Hände und zwei Sticks. Obwohl wir als Schlagzeuger wissen, dass es schwierig sein kann, einen geeigneten Platz zum Spielen unseres Instruments zu finden, ist es normalerweise recht einfach, einen Platz für dein Übungspad zu finden.

Du kannst ein Pattern wiederholt spielen, während du dir einen langen Film ansiehst; ändere die Reihenfolge, kehre das Sticking um, sei dir deiner Schwächen bewusst und arbeite an ihnen... Du trainierst deine Hände, um alle musikalischen Ideen umsetzen zu können, die du dir vorstellen kannst.

Eine der Fallen, in die Drummer stolpern, ist die zu große Abhängigkeit von einer Seite ihres Spiels (entweder rechts oder links). Jede Übung in diesem Buch ist so gestaltet, dass sie auf beiden Seiten gemeistert werden kann, wobei mit einer Hand begonnen wird. Indem du an dieser Beidhändigkeit arbeitest, verschaffst du deinen musikalischen Möglichkeiten auf dem Instrument mehr Freiheit.

Arbeite an diesen Übungen, wenn du auf dem Weg zu einem Auftritt oder einer Probesession bist, oder wenn sich dein Spiel etwas uninspiriert anfühlen sollte. Wenn du 5-10 Minuten mit einer Aufwärmübung verbracht hast, sollten sich deine Hände geschmeidiger anfühlen und dann wird das Trommeln einfacher und macht viel mehr Spaß.

Weiterführende Lektüre

Im Folgenden sind einige empfohlene Bücher, die Rhythmus, Technik und Schlagzeugnotation entwickeln. Einige sind nur für die Snare geschrieben und andere sind für die Spieler des gesamten Schlagzeugs gedacht.

Rhythm and Notation for Drums (dt. Rhythmus und Notation für Schlagzeug) – Kev O'Shea

Progressive Steps to Syncopation for the Modern Drummer – Ted Reed

The All-American Drummer – Charley Wilcoxon

The New Breed – Gary Chester

Advanced Funk Studies – Rick Latham

Master Studies – Joe Morello

Advanced Techniques for the Modern Drummer – Jim Chapin

Stick Control – George Lawrence Stone

Über den Autor

Kev O'Shea spielt Schlagzeug und bildet weltweit Schlagzeuger aus soweit er sich zurückerinnern kann. Er hat über 20 Jahre Erfahrung in der Musikindustrie.

Nach seinem Jazz-Studium an der renommierten Newpark Music School in Dublin hat er eine erfolgreiche Karriere als gefragter Schlagzeuger sowohl live als auch im Studio gemacht.

Mit vielen Jahren umfangreicher Tourneen in Europa, Amerika und dem Mittleren Osten bringt Kev seine Expertise auf seiner eigenen Website **www.KevOShea.com** ein, wo er seinen Schlagzeugerkollegen Lektionen, Tipps & nützliche Informationen zur Verfügung stellt.

Weitere Bücher von Fundamental Changes

200 Paradiddle Exercises for Drums

Drum Rudiments and Musical Application

Learn to Play Drums Volume 1

Learn to Play Drums Volume 2

Rhythm Reading and Notation for Drums

Rock Drumming for Beginners